D1298339

Así vamos a la escuela

Un libro acerca de niños en diferentes países del mundo

Así vamos a la escuela

Un libro acerca de niños en diferentes países del mundo

de EDITH BAER

Ilustrado por
STEVE BJÖRKMAN

Traducido por **Aída E. Marcuse**

SCHOLASTIC INC.
New York   Toronto   London   Auckland   Sydney

A Marta y sus compañeros de clase
en el mundo entero — E.B.

Original title: *This Is the Way We Go to School*
No part of this publication may be reproduced in whole or in part,
or stored in a retrieval system, or transmitted in any form,
or by any means, electronic, mechanical, photocopying, recording,
or otherwise, without written permission of the publisher.
For information regarding permission, write to Scholastic Inc.,
730 Broadway, New York, NY 10003.

ISBN 0-590-49443-0
ISBN 0-590-29165-3 (meets NASTA specification.)

1 2 3 4 5 6 7 8 9 10   08   00 99 98 97 96 95 94 93

Printed in the U.S.A.

First Scholastic printing, April 1993
Original edition: September 1990

De uno en uno, o en grupo jubilante
nos vamos a la escuela en este mismo instante.

Ellen camina despacio
por los alrededores,

y disfruta viendo crecer las flores.

Liz y Larry, con zapatos deportivos
van a la escuela a paso vivo.

Pero... si estás veinte minutos tarde es buen motivo
para ponerte patines... ¡y mucho más efectivo!

Aunque, para ir como una luz,

¡es mejor el coche, o el autobús!

Jenny, Jerry, Pete y Marco

toman en Staten Island un barco.

¡Qué divertido es el tranvía
que toman Pablo y María

para ir a la escuela todos los días!

Michael y Miguel, desde el tren elevado
ven pasar los techos muy apurados.

En un coche a caballo, Jake y Juana
van a la escuela cada mañana.

En Philadelphia, Luis y Luz
¡siempre toman el trolebús!

Bianca, Beppo y Benedetto
van a bordo del *vaporetto*.

Contra el viento, muy arropados,

Niels y Solveig esquían encantados.

Cuando Ahmed va a la escuela, las palmeras
lo protegen del sol con su sombra ligera.

Aviva salta a la cuerda, no corre ni vuela
pues vive a un paso de su escuela.

¡Y miren cómo Sepp y Heidi, popa al viento,
van de la montaña al valle tan contentos!

Akinyi viaja a la escuela en tren, como si tal cosa,
pues vive lejos, tras la cordillera majestuosa.

Kay y Fay, Flo y Arcadio
asisten a la escuela por radio.

En bicicleta, Mei y Ling
cruzan el tráfico de Nanjing.

Y pese a la constante lluvia fría,
Ram viaja seco y alto todos los días.

William va a la costa en bote, y mientras flota,
pasa el tiempo contando las gaviotas.

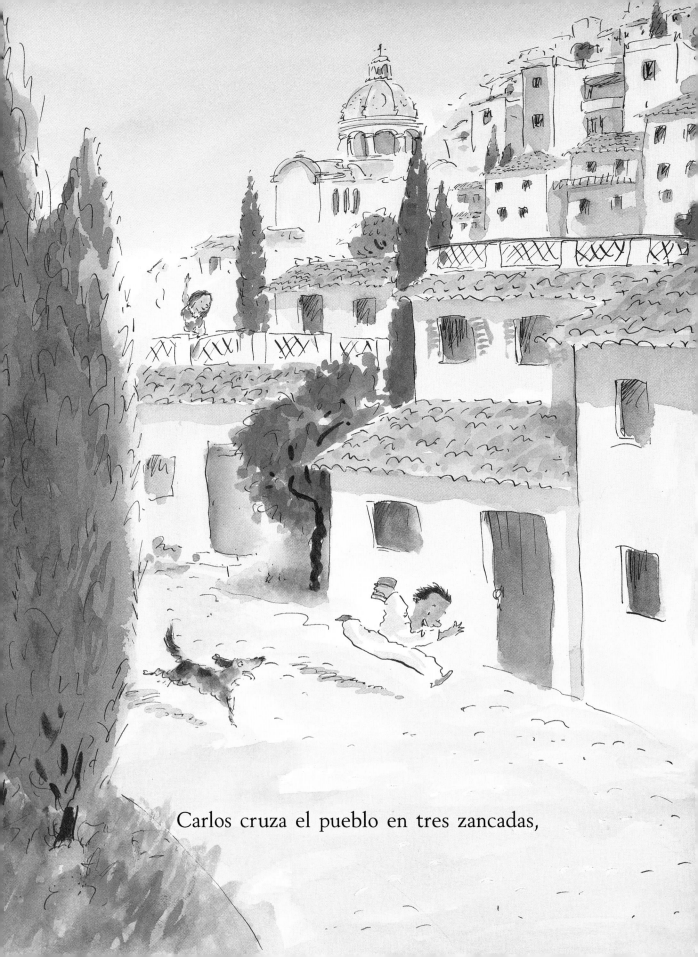

Carlos cruza el pueblo en tres zancadas,

pero Lucía prefiere ir por la campiña dorada.

Les gusta mucho el Metro famoso
a Igor e Ilyana, por lo hermoso.

¿Ir en helicóptero?

¿O en trineo?
¡Hay niños que los toman sin titubeo!

¡Ven con nosotros, ya! ¡Te esperamos allá!

AQUÍ ES DONDE VIVIMOS

Ellen vive en Hawaii, Estados Unidos.

Liz, Larry y el patinador viven en California, Estados Unidos.

Los pasajeros del autobús y los del coche viven en Raytown,
    Missouri, Estados Unidos.

Jenny, Jerry, Pete y Marco viven en Staten Island,
    New York, Estados Unidos.

Pablo y María viven en San Francisco, California, Estados Unidos.

Michael y Miguel viven en Chicago, Illinois, Estados Unidos.

Jake y Juana viven en Lancaster, Pennsylvania, Estados Unidos.

Luis y Luz viven en Philadelphia, Pennsylvania, Estados Unidos.

Bianca, Beppo y Benedetto viven en Venecia, Italia.

Niels y Solveig viven en Noruega.

Ahmed vive en Egipto.

Aviva vive en Israel.

Sepp y Heidi viven en Suiza.

Akinyi vive en Kenia.

Kay, Fay, Flo y Arcadio viven
    en Australia.

Mei y Ling viven en China.

Ram vive en India.

William vive en Maine, Estados Unidos.

Carlos y Lucía viven en México.

Igor e Ilyana viven en Moscú, Rusia.

Los pasajeros del helicóptero viven en Siberia, Rusia.

Los pasajeros del trineo viven en Canadá.

①	Ellen	⑦	Jake y Juana
②	Liz, Larry y el patinador	⑧	Luis y Luz
③	Los pasajeros del coche y del autobús	⑨	Bianca, Beppo y Benedetto
④	Jenny, Jerry, Pete y Marco	⑩	Niels y Solveig
⑤	Pablo y María	⑪	Ahmed
⑥	Michael y Miguel	⑫	Aviva

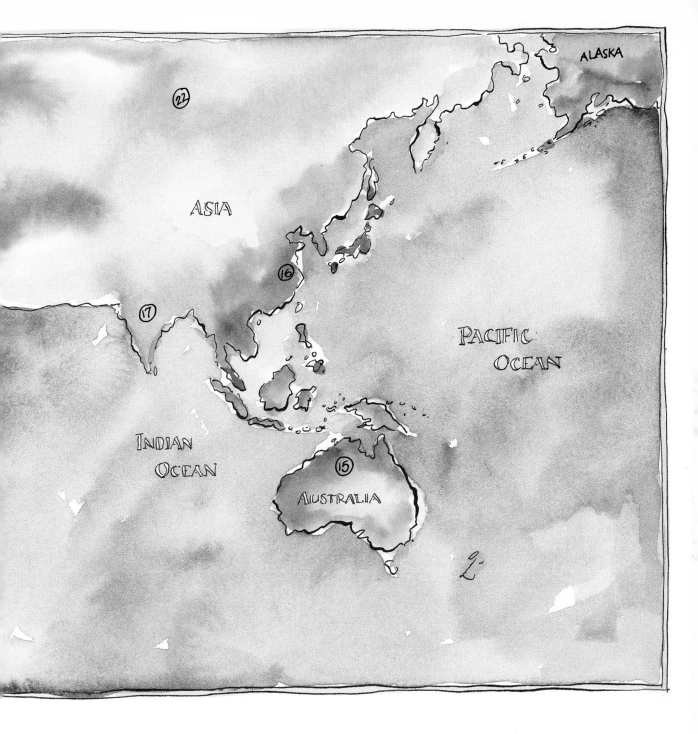